Mascotas inusuales

LAS TARÁNTULAS

MARYSA STORM

BLACK RABBIT BOOKS

Bolt es una publicación de Black Rabbit Books
P.O. Box 227, Mankato, Minnesota, 56002
www.blackrabbitbooks.com

Alissa Thiegles, editora; Rhea Magaro, diseñadora de los interiores e investigación fotográfica.

Información del catálogo de publicaciones de la Biblioteca del Congreso
Names: Storm, Marysa, author.
Title: Las tarántulas / by Marysa Storm.
Other titles: Tarantulas. Spanish
Description: Mankato, MN: Black Rabbit Books, [2026] | Series: Mascotas inusuales | Includes index. | Audience: Ages 8-12 | Audience: Grades 4-6
Identifiers: LCCN 2024050599 (print) | LCCN 2024050600 (ebook) | ISBN 9781644669556 (library binding) | ISBN 9781644669679 (ebook)
Subjects: LCSH: Tarantulas as pets—Juvenile literature. | Tarantulas—Juvenile literature.
Classification: LCC SF459.T37 S76518 2026 (print) | LCC SF459.T37 (ebook) | DDC 639/.7—dc23/eng/20250117

Image Credits
Alamy Stock Photo/ imageBROKER/C. Steimer, 21 (bottom), Juniors Bildarchiv / F314, 21 (top); Dreamstime/Werg, 24 (bottom); Shutterstock/Aastels, 4–5, Antonio Gravante, 22, asawinimages, 32, Audrey Snider-Bell, 6, Benny Marty, 15, Bruno_Leslle, 3, Cornel Constantin, 16, DAL Photography, 1, Eillen, 23, Green Wall Std, 11, Lapis2380, 22, Le Rygal, 12–13, Macrovector, 26, MH Capture, 24 (top), mineral vision, 24 (middle), Nynke van Holten, 31, Photohobbiest, 23, Pixel-Shot, 8–9, 23, RMMPPhotography, cover, SEAN D THOMAS, 25, Spidergeek, 22–23, Tobias Hauke, 28–29, Uzo Borewicz, 27, Zoltan Mucsi, 18–19.

CONTENIDO

CAPÍTULO 1

Conoce a la TARÁNTULA

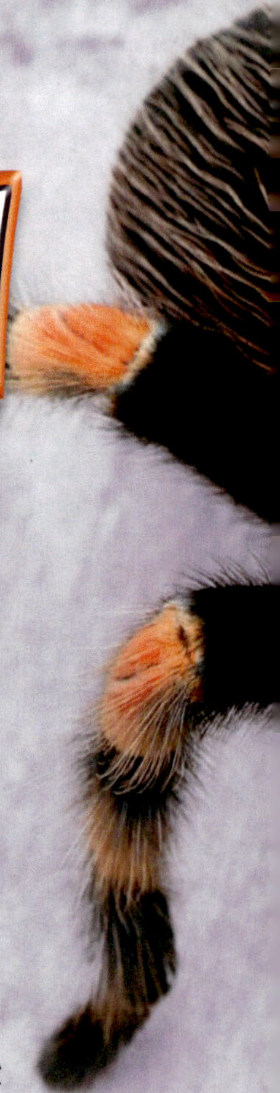

Un niño mira fijamente el interior de un tanque. Dentro hay una araña enorme. ¡Es una tarántula! El niño saluda a su mascota. Espera... ¿es *otra*? El niño mira más de cerca. Ve lo que parece una segunda araña. ¿Está acostada boca arriba? ¡No! ¡Es solo el **exoesqueleto** viejo de su araña!

Tiempo a solas

El niño iba a alimentar a su araña, pero ya no lo hará. Su araña acaba de **mudar** de piel. Sabe que ahora necesita que la dejen en paz. El niño revisa el tanque. Necesita estar cálido y **húmedo**. Se aleja. La nueva piel de su mascota necesita tiempo para endurecerse. Hasta que eso suceda, la araña podría lastimarse fácilmente.

Las arañas mudan de piel como parte de su proceso de crecimiento. Se hacen más grandes con cada muda.

CAPÍTULO 2

UNA MASCOTA ESPECIAL

Las arañas son diferentes a la mayoría de las mascotas. En lugar de cuatro patas, tienen ocho. No necesitan salir a pasear. No son las mejores para acurrucarse. La mayoría de las tarántulas son dóciles, algunas caminan sobre el cuerpo de una persona. Pero es mejor dejarlas solas. Los dueños pueden mirar, pero no deben tocarlas con frecuencia.

Las tarántulas son más activas durante la noche.

DÓNDE VIVEN LAS TARÁNTULAS EN ESTADO SALVAJE

EUROPA
ASIA
FRICA
AUSTRALIA
ANTÁRTIDA

Cómo llevar una a casa

En la naturaleza, algunas tarántulas están en **peligro de extinción**. La gente ha capturado demasiadas para venderlas como mascotas. Las personas nunca deben capturar tarántulas de la naturaleza. También deben tener cuidado al comprarlas, es importante hacerlo en un lugar confiable. Los **criadores** saben mucho sobre las tarántulas y cómo cuidarlas.

Cómo identificar a un buen criado

Conoce la edad

Conoce la especie

Conoce el sexo (masculino o femenino)

Conoce quiénes son lo padres

CAPÍTULO 3

CARACTERÍSTICAS de la tarántula

Existen alrededor de 900 especies de tarántulas. Muchas tarántulas que se tienen como mascota son tarántulas rosadas chilenas o tarántulas mexicanas de rodillas rojas. Son más fáciles de cuidar. Las tarántulas pueden vivir mucho tiempo. Los machos viven hasta unos

COMPARACIÓN DE LONGITUDES

Tarántula rosa chilena

Tarántula mexicana de rodillas rojas

Tarántula mexicana de patas rojas

longitud en pulgadas

10 años. ¡Algunas hembras pueden vivir hasta 30! Algunas tarántulas alcanzan su madurez a los tres años. Otras tardan 12 años en alcanzar su tamaño completo. Las tarántulas jóvenes mudan de piel con frecuencia a medida que crecen.

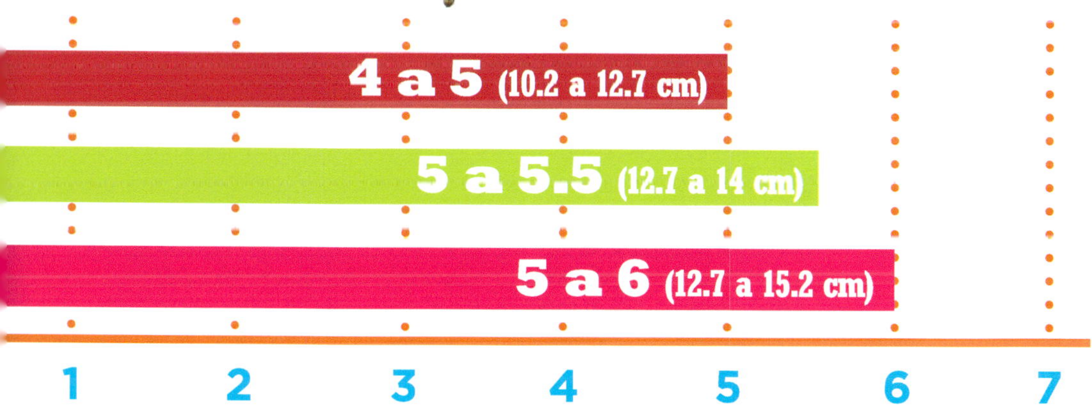

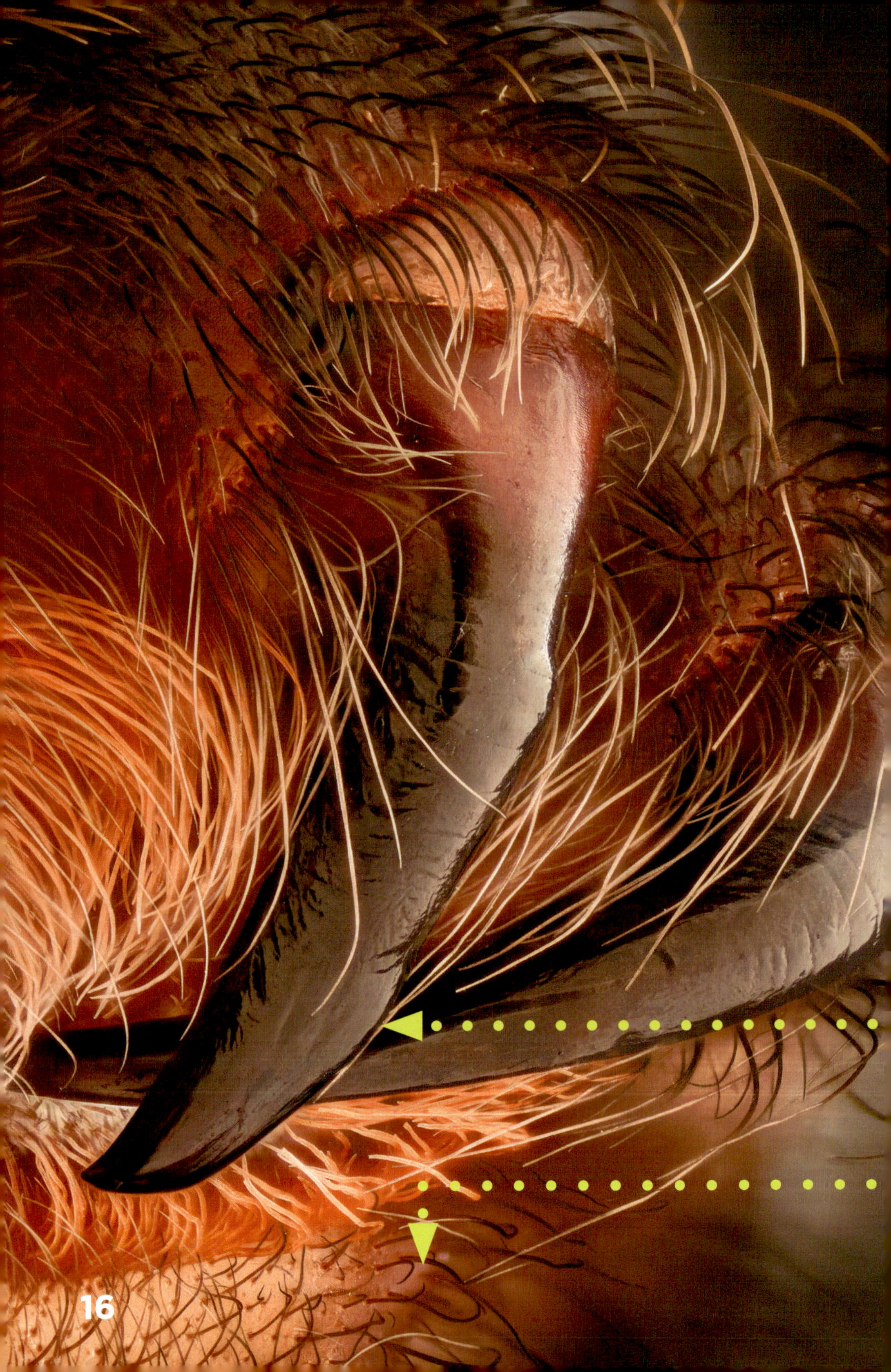

Pelusa y colmillos

Todas las tarántulas están cubiertas de pelos cortos. Algunos pelos tienen púas. Las tarántulas pueden soltarlos si las asustan. Los pelos se adhieren a la piel y causan picazón. Estas mascotas también tienen colmillos y sus mordeduras son **venenosas**. El veneno mata a las pequeñas presas que comen. La mordedura no mata a una persona, ¡pero sí duele!

COLMILLOS

PELO CON PÚAS

aproximadamente
0.03 pulgadas (0.8 milímetros)
de largo

PARTES DE LA TARÁNTULA

OJOS
PATAS
GARRAS

Cuidados de una TARÁNTULA

Las arañas mascota se mantienen en **terrarios** grandes. Una tapa bien ajustada es fundamental. Las tarántulas son excelentes trepadoras y les gusta escapar.

Algunas tarántulas pasan la mayor parte del tiempo en el suelo. Otros tipos prefieren estar en los árboles. Esas arañas necesitan tanques más altos. También necesitan ramas para trepar y tejer telarañas. Todas las tarántulas necesitan lugares donde esconderse.

Tipos de terrarios

Tarántulas terrestres

Tarántulas de árbol

UN TERRARIO PARA TARÁNTULAS

sustrato fresco

tapa hermética

plato poco profundo con agua

lugar
para
esconderse

corteza
de árbol
y plantas
falsas

¿QUÉ COMEN LAS TARÁNTULAS?

grillos

gusanos de la harina

supergusano

Comida y agua

Las tarántulas son depredadoras. Es importante que se alimenten con insectos vivos. Los grillos y los gusanos de la harina son buenas opciones. A las tarántulas grandes se les pueden dar ratones y lagartijas pequeños. La mayoría de las personas alimentan a sus tarántulas una o dos veces por semana. El tanque debe tener un plato **poco profundo** con agua fresca. Si el plato es demasiado profundo, la araña podría ahogarse.

cucarachas

Cuidados especiales

Cuidar de una tarántula significa darle su espacio. Necesitan un lugar tranquilo, lejos de la luz solar. Su terrario debe mantenerse cálido. Es importante aprender todo sobre las tarántulas antes de llevar una a casa. Esto ayudará a brindarles un buen hogar.

La temperatura adecuada

70 a 80 grados Fahrenheit
(21 a 26.7 grados Celsius)

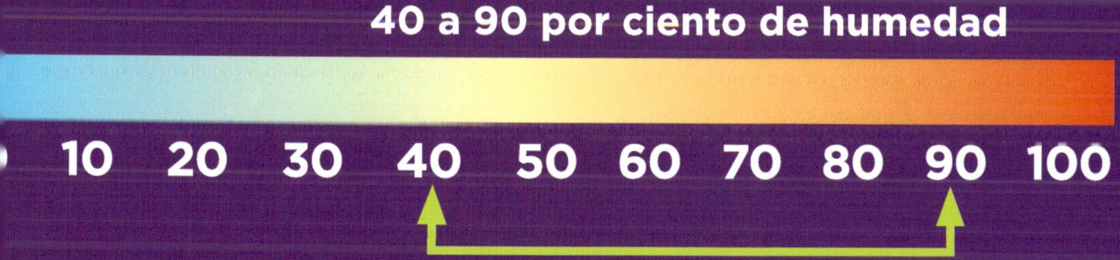
40 a 90 por ciento de humedad
10 20 30 40 50 60 70 80 90 100

En NÚMEROS

hasta **12** pulgadas (30 cm)

LONGITUD DE LA TARÁNTULA MÁS GRANDE (TARÁNTULA GOLIAT DEVORADORA DE PÁJAROS)

15
minutos a
12
horas

TIEMPO QUE TARDA EN MUDAR

8

NÚMERO DE OJOS

hasta
1,000

CUÁNTOS HUEVOS PUEDE PONER UNA HEMBRA A LA VEZ

GLOSARIO

criador: una persona que cría animales con características específicas

exoesqueleto: cubierta dura y protectora en el exterior del cuerpo de un insecto o arácnido

húmedo: con mucha humedad en el aire

mudar: perder una cubierta de pelo, plumas o piel, y reemplazarla por una nueva

peligro de extinción: a punto de desaparecer

poco profundo: que tiene una pequeña distancia desde la superficie o punto más alto hasta el fondo

terrario: una caja de vidrio o plástico que se utiliza para cultivar plantas o mantener pequeños animales en el interior

venenoso: que contiene veneno o una sustancia tóxica

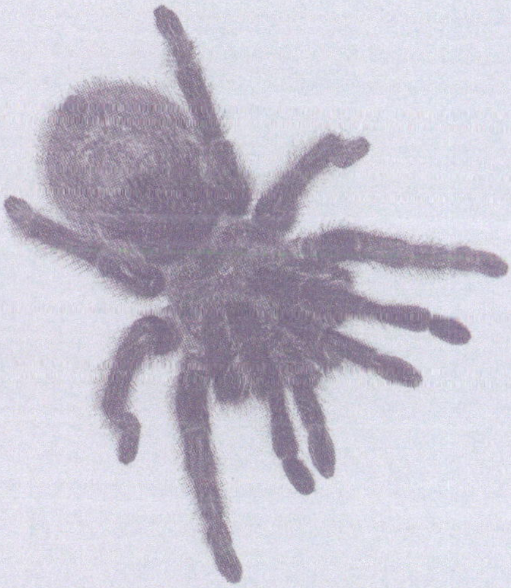

ÍNDICE ALFABÉTICO